Karim Rabah

# Die Auswirkung von Big Data auf den Stromverbrauch in Rechenzentren

**Bibliografische Information der Deutschen Nationalbibliothek:**

Bibliografische Information der Deutschen Nationalbibliothek: Die Deutsche Bibliothek verzeichnet diese Publikation in der Deutschen Nationalbibliografie; detaillierte bibliografische Daten sind im Internet über http://dnb.d-nb.de/ abrufbar.



Copyright © 2018 Diplom.de
Druck und Bindung: Books on Demand GmbH, Norderstedt Germany
ISBN: 9783961167630

https://www.diplom.de

Karim Rabah

# Die Auswirkung von Big Data auf den Stromverbrauch in Rechenzentren

Diplom.de

# Inhaltsverzeichnis

# Darstellungsverzeichnis

# Abkürzungsverzeichnis

| | |
|---|---|
| GPS | Global positioning system |
| RFID | Radio-frequency identification |
| USV | Unterbrechnungsfreie Stromversorgung |
| PUE | Power Effectivness-Wert |
| $P_{IT}$ | IT-Leistung |
| $P_G$ | Gesamtrechenzentrumsleistung |
| EVU | Energieversorgungsunternehmen |
| CUE | Carbon Usage Effectiveness |
| EER | Energy Reuse Effectiveness |
| COP | Coefficient of Performance |
| REF | Renewable Energy Factor |
| DCIE | Data Center Infastructure Effeciency |
| PU | Power Utility |
| EGP | Engine generator plant |
| UPS | Unterbrechungsfreie Stromversorgungseinheit |
| PDU | Haupt- und Unterverteiler |
| RZ | Rechenzentrum/Rechenzentren |
| DCIM | Data Center Infrastructure Management |
| LAN | Local Area Network |
| UVS | Unterbrechungsfreie Stromversorgung |
| SNMP | Simple Network Management Protocol |
| WMI | Windows Management Protocol |
| $CO_2$ | Kohlenstoffdioxid |
| GWh | Gigawattstunden |
| J | Joule |
| AV | Allgemeine Stromversorgung |
| SV | Sicherheitsstromversorgung |
| NoSQL | Not only Structured Query Language |
| SQL | Structured Query Language |
| SPS | Smart Power Stripes |
| HANA | High Performance Analytic Appliance |
| SAP | Systeme, Anwendungen und Produkte der Datenverarbeitung |
| IKT | Informations- und Kommunikationstechnologie |
| NEC | Nippon Electric Company |
| IPMI | Intelligent Platform Management Interface |

# Abstract (in Englisch)

NASA's Earth Observing System generates nearly 50 gigabytes of image data per second. That would be around 1576.8 petabytes per year. According to IMB, around 90% of the data was created in the last two years. This represents a tenfold increase in only two years! So these datasets are big, big. Facebook alone generates about 500 terabytes of data per day, which amounts to 182.5 petabytes per year, just like the Large Hadron Collider at CERN, which generates 690 megabytes of sensor data per second, to name just a few.

With big data, power consumption in data centres is increasing, at trend that is only rising. This is due to the increasing use of hard drives and flash memory in data centres used for data storage. According to forecasts, by the year 2020 the volume of data will have multiplied by a factor of 300. Thus, the estimated data volume in 2020 will be around 44 zetabytes.

Initially, energy-saving measures in the data centre were aimed at optimizing power supply and cooling. Meanwhile, measures to optimize the information technology hardware efficiency, as well as the use of algorithms for targeted software optimization are increasingly being pushed.

# Danksagung

An dieser Stelle bedanke ich mich bei allen Personen, die mich im Zuge meiner Arbeit unterstützt haben. Mein besonderer Dank geht an meine Eltern, welche mir stets beiseite gestanden haben.

# 1    Einleitung

Das Earth Observing System der NASA generiert fast 50 Gigabyte an Bilddaten, und das pro Sekunde. Umgerechnet wären das rund 1576,8 Petabyte pro Jahr.[1] IMB[2] zu Folge sollen rund 90% der Daten in den letzten zwei Jahren entstanden sein. Dies stellt eine Verzehnfachung in nur zwei Jahren dar! Diese Datenmengen sind also „big", groß. Alleine Facebook erzeugt eine rund 500 Terabyte große Datenmenge pro Tag, was einen Datenwert von 182,5 Petabyte im Jahr ausmacht.[3] Genauso der Large Hadron Collider am CERN welcher pro Sekunde 690 Megabyte an Sensordaten generiert, um nur einige zu nennen.[4]

Durch Big Data nimmt der Stromverbrauch in Rechenzentren zu, Tendenz steigend.[5] Dies ist auf den zunehmenden Gebrauch von Festplatten und Flash-Speichern in Rechenzentren, welcher zur Datenspeicherung verwendet wird, zurückzuführen.[6] Prognosen zufolge soll sich das Datenvolumen bis zum Jahr 2020 um den Faktor 300 vervielfacht haben.[7] Somit wird das geschätzte Datenvolumen im Jahr 2020 bei rund 44 Zetabytes liegen.[8]

Anfänglich lagen die Energiesparmaßnahmen in Rechenzentren bei der Optimierung von Stromversorgung und Kühlung. Inzwischen werden zunehmend Maßnahmen zur Optimierung der Informationstechniken-Hardwareeffizienz, und der Einsatz von Algorithmen zur gezielten Softwareoptimierung forciert.[9]

---

[1]  vgl. (Cleve & Lämmel , 2014)

[2]  vgl. (IBM, 2014)

[3]  vgl. (Constine, 2012), S.84

[4]  vgl. (LHC-Facts, 2015)

[5]  vgl. (Ostler, 2014)

[6]  vgl. (Hintermann, 2016)

[7]  vgl. (Litzel , 2014)

[8]  vgl. (Gant & Reinsel, 2012)

[9]  vgl. (Schnäppi , 2011), S. 3

## 1.1  Konkrete Forschungsfrage

Diese Bachelorarbeit beschäftigt sich mit dem Thema „Big Data und den Auswirkungen auf den Stromverbrauch in Rechenzentren". Zu diesem Themengebiet wurde die Forschungsfrage „Wie kann der durch Big Data zunehmende Stromverbrauch in Rechenzentren gesenkt werden?"[10][11] formuliert, welche sich in drei Teilfragen gliedern lässt.

Wie hoch der Stromverbrauch in Rechenzentren ist,[12] wird in der ersten Teilfrage beantwortet.

- Wie viel Strom verbrauchen Österreichische Rechenzentren?[13]

Im weiteren Verlauf wird geklärt mit welchem Anstieg des Stromverbrauches durch Big Data zukünftig zu rechnen sein wird.[14]

- Können Aussagen über den zukünftigen Anstieg des Stromverbrauchs durch Big Data gemacht werden?[15]

Durch welche Maßnahmen zur Effizienzsteigerung der Stromverbrauch in Rechenzentren verringert werden kann[16] wird in der dritten Teilfrage beantwortet.

- Gibt es Maßnahmen zur Effizienzsteigerung in Rechenzentren?[17]

## 1.2  Methodische Vorgehensweise

Als Methode dieser Arbeit wird die literaturwissenschaftliche Hermeneutik, welche sich um das Verstehen und die Interpretation von literarischen Werken bemüht. Sie zeigt jene Aktivität auf, welche der Autor durchgeführt hat, um die Forschungsfrage in seine Arbeit aufzunehmen und diese zu beantworten. Die Methodische Forschungsweise soll den Weg beschreiben, der vom Autor gegangen wird, um das Ziel, die Beantwortung der Forschungsfrage, zu erreichen. Dafür werden nicht

---

[10] vgl. (Ostler, 2014)

[11] vgl. (Kallenbach, 2016) (Hintermann, 2016)

[12] vgl. (Hinterman & Fichter , 2012), S.2

[13] vgl. (BRZ Bundesrechenzentrum , 2013), S.12-13

[14] vgl. (Bedner, 2013), S.91

[15] vgl. (Kallenbach, 2016)

[16] vgl. (Herzog, 2015), S.46-80

[17] vgl. (Dürr, 2013)

nur Texte selbst, sondern auch andere relevante Dokumente herangezogen.[18] Diese stammen aus Sekundärmaterialien, die durch Ausleihe, Download und Erwerb für die Arbeit herangezogen wurden. Unter den Sekundärmaterialien werden Bücher, PDF-Dateien, Journale und elektronische Quellen verstanden. Die Formulierung der wissenschaftlichen Frage wurde durch die theoretische Untersuchung des Themengebiets Big Data & Energieeffizienz in Rechenzentren durchgeführt. Für die Erhebung der wissenschaftlichen Fachliteratur wurde durch Recherchearbeiten auf der Bibliothek der TU Wien und im Internet nach Quellen zu den Themen Big Data, Stromanstieg durch Big Data und Energieeffizienz in Rechenzentren gesucht. Die Bücher wurden aus der TU Bibliothek entliehen oder über den Handel bezogen. Die Arbeit ist literaturbezogen und orientiert sich an bereits veröffentlichten Abhandlungen, Analysen und Forschungsberichten.

## 1.3  Gang durch die Arbeit

Die vorliegende Arbeit gliedert sich in drei Hauptteile. Im ersten Hauptteil erfolgt die literarische Recherche um zu erklären, was Big Data im Wesentlichen ist, welche Technologien es gibt und welche Nutzung und Möglichkeiten daraus resultieren.

Im zweiten Hauptteil wird der Ist-Zustand der Situation in Rechenzentren und die zukünftigen Auswirkungen auf den Anstieg des Stromverbrauchs durch Big Data ermittelt. Dabei wird auch der Fragen nachgegangen, mit welchem Anstieg auf den Stromverbrauch durch die anwachsenden Big Data Mengen zukünftig zu rechnen sein wird.

Das letzte Kapitel der literarischen Untersuchung erfolgt im dritten Teil und hat mit den Maßnahmen zur Effizienzsteigerung, und die Auswirkungen auf den Stromverbrauch in Rechenzentren zu tun.

---

[18] vgl. (Neuhaus, 2017), S.222

# 2     Big Data Grundlagen

Im Folgenden wird auf die Definition „Big Data" eingegangen. Des Weiteren werden Volume, Velocity und Variety, Big Data Technologien und die Nutzung und Möglichkeiten durch Big Data untersucht.

## 2.1    Definition und Eingrenzung

Big Data entstand 1997 als Begriff für eine (un)strukturierte Datenmasse.[19] Nach Adrian Merv sind Big Data Daten, die durch ihre Größe die klassische Darstellung, Analyse und Verarbeitung auf herkömmliche Hardware übersteigen. Diese Daten sind heterogener als konventionelle Daten.[20]

In Edd Dumbills Definition findet sich eine große Ähnlichkeit zu Adrian Mervs Ansicht. Ihm zufolge sind Big Data Daten, die ihre Verarbeitungskapazität von herkömmlichen Datenbanksystemen übersteigen. Die Daten sind zu groß, bewegen sich zu schnell, oder passen nicht in die Struktur von Datenbanksystemen. [21]

Eine Definition von BITKOM bindet hingegen den wirtschaftlichen Nutzen mit ein. Big Data wird als der Einsatz von großen Datenmengen aus unterschiedlichen Quellen mit einer hohen Verarbeitungsgeschwindigkeit zur Erzeugung wirtschaftlichen Nutzens angesehen. [22]

Nach dem McKinsey Global Institut erhöht Big Data die Frequenz und die Informationstransparenz, wie Datenmengen verarbeitet und analysiert werden können. Durch den Detailierungsgrad können Applikationen vorangetrieben werden. So können Simulationen auf Basis detaillierter Daten durchgeführt werden, die vorher nicht machbar waren.[23]

---

[19] vgl. (Press, 2012)

[20] vgl. (Topi & Tucker, 2014), S.201

[21] vgl. (Morabito, 2015), S.Preface

[22] vgl. (BITKOM, 2012), S.21

[23] vgl. (Fasel & Meier, 2016), S.4

Durch allgemeine Diskussionen der Europäischen Wirtschaft und durch die vorliegenden Definitionen begründet, kann der Schluss gezogen werden, dass der Begriff keine klare Definition findet.[24] Dennoch lassen sich aus jenen von Adrian Merv, McKinsey Global Institut und BITKOM folgende Charakteristika ableiten, welche als 3 V´s beschreiben werden:

- **Volume** (Datenmenge): Der gesamte Datenbestand ist sehr umfangreich und liegt im Tera- bis Zettabytebereich (Megabyte=$10^6$ Byte, Gigabyte=$10^9$ Byte, Terrabyte=$10^{12}$, Petabyte=$10^{15}$, Exabyte=$10^{18}$, Zettabyte=$10^{21}$ Byte)[25]

- **Velocity** (Geschwindigkeit bzw. Verfügbarkeit): Hierbei wird die Speicherung von strukturierten, unstrukturierten, und semi-strukturierten Multimedia-Daten, wie zum Beispiel Texte, Grafiken, Bilder, Audios und Videos verstanden.[26]

- **Variety** (Vielfalt): Der Begriff bedeutet nicht nur die Geschwindigkeit, sondern dass auch Datenströme, sogenannte Data Streams, in Echtzeit ausgewertet und analysiert werden.[27]

Diese 3 V´s beschreiben Big Data und wurden auch von der Gartner Group erwähnt. Gartner fügt zu den bestehenden Definitionpunkten (Volume, Variety und Velocity) ein weiteres V für Informationskapital oder Vermögenswerte hinzu.[28]

- **Value:** Der Unternehmenswert soll durch Big Data Anwendungen gesteigert werden. Eine Investition in technische Infrastruktur und Personal werden

---

[24] vgl. (Fasel & Meier, 2016), S.4

[25] vgl. (Morabito, 2015), Preface

[26] vgl. (Hu, 2016), S.293

[27] vgl. (Tavana & Puranam, 2014), S.110

[28] vgl. (Gartner , 2017)

dort eingesetzt, wo ein Mehrwert generiert werden kann, respektive eine Hebelwirkung besteht.[29]

Durch die Diskussion zur Begriffsbildung soll ein letztes V das Modell abrunden:

- **Veracity:** Da viele Daten ungenau oder vage sind, müssen für die Bewertung der Aussagekraft spezifische Algorithmen, respektive zur Qualitätseinschätzung der Resultate, eingesetzt werden. Bessere Auswahlkriterien sind nicht von umfangreichen Datenbeständen abhängig.[30]

Somit ist das klare Ziel von Big Data Mehrwert auf Basis des Rohstoffes von Daten zu generieren, um damit entscheidendes Potenzial innerhalb von Unternehmen und Organisationen auszuschöpfen. [31]

## 2.1   Entwicklung von Big Data

„Big Data ermöglicht ein vollständigeres Bild von den Wünschen und Bedürfnissen der Kunden; dank präziserer Erkenntnisse finden Unternehmen aus allen Branchen neue Wege, um mit vorhandenen und potenziellen Kunden in Kontakt zu treten."[32]

Der ausschlaggebende Grund für den Einsatz von Big Data sind neue Anwendertechnologien, die sich daraus ergeben. Der wichtigste Faktor für die entstehenden Datenmengen ist die ständig wachsende Anzahl an mobilen Endgeräten (zum Beispiel Smartphones, Tablets, etc.), aber auch dezidierte Mobile Devices (zum Beispiel RFID, Handheld, etc.), welche immer öfter in Einsatz treten.[33]

Statista gibt an, dass im Jahr 2017 rund 68% aller Österreicher ein Smartphone besaßen, wovon rund 42% Informationen über das Internet suchten und rund 21%

---


[29] vgl. (Fasel & Meier, 2016), S.6

[30] vgl. (Akhgar, et al., 2015), S.7

[31] vgl. (Köhler & Meir-Huber, 2014), S.17

[32] vgl. (IBM, 2012), S.7

[33] vgl. (Spies, 2012), S.148

Käufe über ihr Smartphone tätigen. Zum Vergleich, im Jahr 2013 besaßen nur 43% ein Smartphone, 21% suchten nach Informationen im Internet und 9% kauften Waren über das Smartphone.[34]

Einerseits ist dadurch bei Anwendern das Bedürfnis entstanden, überall und jederzeit auf unterschiedliche Unternehmensdaten zugreifen zu können, andererseits fördern diese neuen Technologien, die durch das veränderte Nutzerverhalten entstehen, zusätzliche Datenmengen.[35]

Das Österreichische Bundesministerium für IT gibt an, dass der Big-Data-Markt im Jahr 2012 ein Volumen von rund 18,9 Millionen Euro hatte. Im Jahr 2015 stieg das Volumen auf 56,52 Millionen Euro an und im Jahr 2017 lag das Marktvolumen bei 72,85 Millionen Euro. In den kommenden Jahren soll sich das Wachstum stark beschleunigen. Dies ist darauf zurückzuführen, dass sowohl das Wissen über die Möglichkeiten von Big Data Technologien, als auch die Akzeptanz steigt.[36]

Nachdem bekannt ist, woher Daten kommen und um welche Art der Daten es sich handelt, wird nun kurz erklärt, was mit den Datenmengen geschehen soll. Hierzu wird auf einen Freytag-Artikel verwiesen. Laut dieser Meinung lässt sich die Tätigkeit der Datenverarbeitung in unterschiedliche Aktivitätskategorien einteilen:[37]

**Nachverfolgung und Auswerten:** Verarbeitungsaktivitäten, die Prozesse bzw. Prozesszustände bewerten und erfassen[38]

**Suchen und Identifizieren:** Herausfiltern von Objekten durch bekannte Parameter[39]

---


[34] vgl. (Statista, 2018)

[35] vgl. (Spies, 2012), S.148

[36] vgl. (Köhler & Meir-Huber, 2014), S.75

[37] vgl. (Bracht , Geckler, & Wenzel, 2018), S.183

[38] vgl. (Freytag, 2014), S.97-104

[39] vgl. (Bracht , Geckler, & Wenzel, 2018), S.183

**Analysieren:** Vorgehensweisen und Verfahren mit dem Ziel aus Datenmengen Informationen zu generieren und Wissen abzuleiten[40]

**Vorhersagen und Planen:** Erkenntnisse für die Zukunft sollen über Verarbeitungsaktivitäten gewonnen werden[41]

## 2.2 Big Data Technologien

Big Data stellt uns als Mensch und Anwender, Unternehmen und Entwickler, vor neue Herausforderungen. Damit ein sinnvoller Umgang mit Datenbergen gelöst werden kann, müssen neue Big Data Technologien zur Speicherung und zur Analyse entwickelt werden. Oft stoßen bisherige Hard- und Softwarelösungen an ihre Grenzen. Dabei reichen Vergrößerungen des Speicherplatzes oder die Nutzung von leistungsfähigeren Servern nicht mehr aus.[42]

Die richtige Speichertechnik stellt einen der wichtigsten Ansatzpunkte im richtigen Umgang mit Big Data dar. Festplattentechniken sind den anwachsenden Datenbergen nicht mehr gewachsen, daher arbeiten Hersteller fortwährend an neuen Speichertechnologien. Magnetische Festplatten werden nach und nach durch Flash-basierte Speichertechnologien ersetzt, mit dem Ziel, Kosten pro Bit zu sparen und somit die Gesamtkapazität des Speichermediums, Performance und Dauerhaftigkeit erhöhen zu können.[43] [44]

Die meisten Informationssysteme in Unternehmen und Organisationen basieren auf der Technik von relationalen Datenbanken. Netzwerkartige oder hierarchische Datenbanksysteme kapitulieren vor den unterschiedlichen Datenmassen, welche Big Data mit sich bringt. Unterschiedliche Datentypen wie Texte, Bilder oder Sounds, können von konventionellen Lösungen nicht verarbeitet werden. Alle

---

[40] vgl. (Freytag, 2014), S.97-104

[41] vgl. (Bracht , Geckler, & Wenzel, 2018), S.183

[42] vgl. (Manhart, 2012)

[43] vgl. (Rouse, 2012)

[44] vgl. (Rappold, 2015), S.148

nicht-relationalen Datenbanken, welche bei unstrukturierten Daten Anwendung finden, werden als NoSQL bezeichnet.[45] [46]

Neben NoSQL gibt es auch noch In-Memory-Techniken, die den Umgang mit Big Data erleichtern sollen. Der Vorteil besteht darin, dass Verarbeitungszeiten durch das Abspeichern der Daten im Arbeitsspeicher selbst, und nicht wie üblich auf Festplatten, stattfindet. In-Memory-Techniken werden beispielsweise von SAP durch HANA genutzt.[47] [48]

„Distributed Computing" (dt. verteiltes Rechnen) wird das Prinzip genannt, auf welchem Big Data Technologien basieren. Auf tausende vernetzte Server bzw. Prozessoren, die auch Serverfarmen oder Rechenzentren genannt werden, wird gearbeitet. [49] Apache Hadoop wird eine solche Software genannt, die bei Facebook, Twitter und Ebay für verschiedene Anwendungen zum Einsatz kommt.[50]

## 2.3 Nutzung und Möglichkeiten

Oft wird der Begriff Big Data mit dem Internet und dem Social Media Hype in Verbindung gebracht. Das Internet stellt jedoch nur einen von vielen möglichen Anwendungsbereichen dar. Die zunehmende Digitalisierung aller Lebensbereiche erzeugt auch immer größere Datenmengen, sodass Big Data eine querschneidende Funktion einnimmt.[51]

### Wasser- und Energiemanagement

Der Wirtschaftszweig des Wasser- und Energiemanagements umfasst die Elektrizitäts-, Wärme-, Gas-, und Warmwasserversorgung durch ein Netz von Rohr-, be-

---

[45] vgl. (Manhart, 2012)

[46] vgl (Fasel & Meier, 2016), S.18

[47] vgl. (INTEL, 2012)

[48] vgl. (Pethuru & Deka, 2018), S.71-73

[49] vgl. (Cristea, Dobre, Stratan, Pop, & Costan , 2010), S.1

[50] vgl. (Fondermann , Spichale, & George, 2012), Kap. 1

[51] vgl. (Dörr, Heidrich, & Liggesmeyer, 2014), S.106

ziehungsweise Stromleitungen.[52] Auch die Produktion, Verteilung und Nutzung von Energieressourcen stellen einen wichtigen Bestandteil dieser Branche dar.[53] Die Österreichische Wasser- und Energiebranche umfasst rund 2.000 Unternehmmen mit 29.000 Beschäftigten.[54] Nur durch eine optimale Integration von Big Data Applikationen in das Energiemanagement sind Unternehmen in der Lage, neue Herausforderungen in diesem Anwendungsfeld effizient zu lösen. Smart-Grid- und Smart-Meter-Technologien sollen die Stromerzeugung und den Stromverbrauch miteinander synchronisieren, um so Ressourcen optimal ausnutzen zu können. Da bei einer solchen Anwendung riesige Datenmengen anfallen, müssen diese durch Big Data Anwendungen optimiert werden, um effiziente Ergebnisse erzielen zu können. [55]

**Gesundheitsmanagement**

Das Gesundheitsmanagement umfasst alle Tätigkeiten medizinischer Versorgung durch den Einsatz von medizinischen Fachkräften, Krankenhäusern und anderen sanitären Einrichtungen, der stationären Pflegeleistungen mit Anteilen an medizinischer Versorgung, und die Tätigkeiten des Sozialwesens ohne die Beteiligung medizinischer Fachkräfte. In dieser Branche sind rund 44.000 Unternehmen erfasst. [56]

Durch die alternde Gesellschaft in Industrienationen wird dieser Bereich für Big Data Anwendungen zunehmend wichtiger. Da die medizinische Versorgung immer teurer wird und veraltete Strukturen vorliegen, befindet sich hier ein riesiges Einsparungspotential, das, wie von vielen Experten behauptet, nur durch Big Data behoben werden kann. Als Beispiel kann hier die österreichische elektronische Patientenakte (ELGA) angeführt werden. Integriert sind alle medizinisch relevanten Daten der BürgerInnen, welche zentral gespeichert und von jedem österreichischen Arzt eingesehen werden können.[57]

---


[52] vgl. (Köhler & Meir-Huber, 2014), S.84

[53] vgl. (Trick & Weber Frank), S.2

[54] vgl. (Köhler & Meir-Huber, 2014), S.84

[55] vgl. (Trick & Weber Frank), S.2

[56] vgl. (Köhler & Meir-Huber, 2014), S.92

[57] vgl. (Freytag, 2014), S.100

**Öffentlicher Bereich**

In dieser österreichischen Branche sind rund 2.600 Unternehmen erfasst. Das Bundesministerium, Pensionsversicherungsanstalten, der Hauptverband der österreichischen Sozialversicherungsträger und die Gebietskrankenkassen stellen die wichtigsten Vertreter dieser Branche dar.[58]

Der öffentliche Bereich wird auch als Smart Gouvernement oder Smart City bezeichnet. Gerade im öffentlichen Sektor fallen enorme Datenmengen für Überwachungssysteme, Steuerdaten, Behördendaten oder Finanzdaten an, um nur einige zu nennen. Um diese Daten zu analysieren und zu nutzen, werden neuartige Big Data Technologien benötigt. Beispiele für eine Anwendung sind aktive Verkehrsleitsysteme für die Stauvermeidung oder andere Gouvernement Tools, deren Aufgabe eine Erleichterung oder Ersparung von Behördengängen darstellen soll. All diese Punkte basieren auf einer enormen Datenmenge, welche effizient verarbeitet werden muss.[59]

**Internet und Social Media**

Alleine in den letzten zwei Jahren verzeichneten soziale Medien ein Wachstum um mehr als ein Drittel.[60] Facebook, mit bereits über 1 Milliarde Nutzer, oder Twitter, mit bereits 300 Millionen Nutzern, können als Beispiele genannt werden. So sind unzählige und unterschiedliche Anwendungen entstanden, welche mit einer Veränderung der Art und Weise einhergehen, wie Menschen miteinander kommunizieren. Diese Adaption des neuen Kommunikationsverhaltens führt regelrecht dazu, dass Politik und Unternehmen sich immer mehr mit diesem Thema auseinandersetzen müssen. Die Folge sind unternehmensinterne Abteilungen, die sich intensiv mit dem Thema Social Media beschäftigen und sich fortlaufend auf diese Thematik spezialisieren.[61]

---

[58] vgl. (Köhler & Meir-Huber, 2014), S.90

[59] vgl. (Campbell, 2016)

[60] vgl. (Kroker, 2017)

[61] vgl. (Stieglitz, Dang-Xuan, Bruns, & Neuberger , 2014), S.102

Die generierten Datenmengen sind der Grund dafür, dass immer mehr Big Data Lösungen benötigt werden. Living Lab bezeichnet die moderne Wissenschaft soziale Medien, da unter realen Bedingungen Daten erzeugt werden. Aber genau diese Rückschlüsse auf Datenmengen, welche aus dem Verhalten der Nutzer zu ziehen sind, sind in den Fokus von Unternehmen geraten. Dadurch werden Erkenntnisse bezüglich des Kaufverhaltens von Kunden und andere brauchbare Verhaltensstrukturen erhofft, um diese gewinnbringend nutzen zu können. Genau dieser Aspekt stellt einen Kritikpunkt an Big Data dar, da viele Nutzer in ihrer Privatsphäre verletzt werden. [62]

**Handel**

Der Handel des österreichischen Dienstleistungssektors vorsorgt rund 3,7 Millionen Haushalte in Österreich. 75.000 Handelsunternehmen erwirtschaften jährlich rund 240 Milliarden Euro und sichern 630.00 Arbeitsplätze, wovon mehr als die Hälfte der Angestellten im Einzelhandel vorzufinden sind.[63]

Unzählige Unternehmen verwenden bereits Big Data, um Analysen des Kaufverhaltens von KundInnen vorzunehmen. Die Fähigkeit unterschiedliche Datenquellen zu integrieren und analysieren, damit KundInnen zugeschnittene Angebote oder Services angeboten werden können, beschreibt heute den Erfolg von Handelsunternehmen. Big Data Applikationen versprechen in diesem Kontext die besten Chancen. Ein wichtiger Aspekt dieser Vorgehensweise ist die Protokollierung von Kundentransaktionen. Dies kann durch den Einsatz von Treuekarten, die den KundInnen Rabatte gewähren, erfolgen. Durch diese personalisierten Karten kann das Kaufverhalten jedes Kunden dargestellt und analysiert werden. Marketingabteilungen können sich somit jedem einzelnen Kunden anpassen, sodass der Kunde nur Produkte und Angebote erhält, die für ihn aufgrund des analysierten Kaufverhaltens relevant sind. Diese Analyse kann auch als Grundlage des Forecast herangezogen werden.[64]

---

[62] vgl. (Stieglitz, Dang-Xuan, Bruns, & Neuberger , 2014), S.102

[63] vgl. (Köhler & Meir-Huber, 2014), S.86

[64] vgl. (Linzmajer & Rudolph , 2014), S.13

# 3 Die Situation in Rechenzentren

Um die Situation und die Möglichkeiten für eine Verbesserung der Energieeffizienz in Rechenzentren beschreiben zu können, wird im Folgenden als Erstes der Begriff „Rechenzentrum" näher erläutert. Des Weiteren wird definiert, was unter Green IT zu verstehen ist, wie sich der IT-Energieverbrauch zukünftig entwickeln wird und welchen Stellenwert Energie-Monitoring und -Management einnimmt.

## 3.1 Definition und Eingrenzung

Das Rechenzentrum, welches auch als Data Center bezeichnet wird, ist eine konzentrierte Lagerstätte, virtueller oder physischer Art, für die Sicherung, Verarbeitung und Verwaltung von Daten und Informationen. Das Rechenzentrum wird entweder für einen individuellen Wissensbereich organisiert oder ist Teil eines bestimmten Unternehmens.[65]

Die Abgrenzung zwischen einem Rechenzentrum und einem Serverraum besteht darin, dass ein Rechenzentrum eine räumliche Trennung von IT-Systemen und unterstützende Infrastruktur (Klimatechnik, Stromversorgung, usw.) aufweist. Auch kann in einem Rechenzentrum aufgrund einer hohen Konzentration an IT-Geräten und Daten ein durchaus höherer Schaden eintreten, als dies bei einer dezentralen Datenverarbeitung der Fall wäre.[66]

Das Rechenzentrum stellt somit das Fundament von Unternehmen dar. Die meisten Arbeitsprozesse werden IT-gestützt, wodurch ein Ausfall von betrieblichen Systemen zu einem Produktionsstillstand führen kann. Aus diesem Grund muss ein ausfallfreier Betrieb sichergestellt werden.[67]

---

[65] vgl. (Rouse, 2012)

[66] vgl. (Terrahe, 2016), S.12

[67] vgl. (Terrahe, 2016), S.12

## 3.2 Green-IT und Kennzahlen

Der ökonomische und ökologische Einfluss der IT wird unter dem Begriff Green IT zusammengefasst. Aus diesen Umweltaspekten können zwei unterschiedliche Anhaltspunkte entnommen werden. Erstens wird die IT als ein Objekt des aktiven Umweltschutzes gesehen, indem der steigende Energieverbrauch der IT-Infrastruktur und den daraus resultierenden $CO_2$-Emissenion thematisiert werden. Zweitens wird im Rahmen von Green IT der Beitrag von IT als eine Art Unterstützung von Nachhaltigkeitszielen im Unternehmensumfeld betrachtet und folglich untersucht, inwiefern, durch den Einsatz von innovativer IT, Umweltbelastungen reduziert werden können.[68]

Das Borderstep-Institut definiert das „Green IT-Szenario" für die Energieeffizienz der IKT-Branche folgend:

> „[...]die Entwicklung, die durch den konsequenten Einsatz der aktuellen verfügbaren und wirtschaftlich sinnvoll anzuwendenden Effizienztechnologien erreichbar wäre."[69]

### 3.2.1 Tier Performance Standard

Neben der Leistungsfähigkeit ist auch die Ausfallsicherheit bzw. die Zuverlässigkeit im Hinblick auf die Energieeffizienz eines Rechenzentrums entscheidend. Diese wird über den sogenannten „Tier Performance Standard" –Tier 1-4[70] unter Berücksichtigung der vorhandenen Infrastruktur und der Anlagen zur Energieerzeugung,- Kühlung, Verteilung und Lüftung eines Rechenzentrums definiert und charakterisiert. [71]

Die Verfügbarkeit eines Rechenzentrums muss gewährleistet werden, da Server ohne Strom bereits nach 30 Millisekunden ausfallen. Eine Ausfallstunde wird je

---

[68] vgl. (Zarnekow & Kolbe, 2013), S.3-4

[69] vgl. (Herzog, 2015)

[70] vgl. (Schmidt, et al., 2012), S.117

[71] vgl. (Turner, Seader , Renaud, & Brill, 2008)

nach Branche mit bis zu 400.000 US-Dollar geschätzt. Die Verfügbarkeit kann mit dieser Formel berechnet werden:[72]

$$\text{Verfügbarkeit} = \frac{Gesamtzeit\text{-}Gesamtausfallzeit}{Gesamtzeit} \quad [73]$$

## 3.2.2 Power Usage Effectiveness-Wert

Für die Beurteilung von Rechenzentren und deren Energieeffizienz wird in der Literatur häufig der PUE-Faktor erwähnt. Er gibt das Verhältnis des Stromverbrauchs eines Rechenzentrums zum Energieverbrauch der IT-Infrastruktur in einem Rechenzentrum an.[74]

So steht der gesamte Stromverbrauch eines Rechenzentrums in dieser Gleichung für elektrische Energie, welche für den laufenden Betrieb des gesamten Rechenzentrums – also IT-Geräte, Server, Kühlung, Stromversorgung, Beleuchtung usw. –benötigt wird. Der Stromverbrauch der IT-Infrastruktur steht für elektrische Energie, welche ausschließlich für Server und IT-Infrastruktur benötigt wird.[75][76]

Der PUE-Wert kann in Abhängigkeit von verwendeter Hardware zwischen 1,0 und 2,5 liegen. Ein PUE-Wert der an 1,0 grenzt würde demzufolge eine hundertprozentige Energieeffizienz bedeuten. Diese kann jedoch realistischer Weise nicht erreicht werden.[77][78]

$$\text{PUE} = \frac{P_G}{P_{IT}} \quad [79]$$

$P_G$: Gesamtrechenleistung (Total Facility Power)

---


[72] vgl. (Warkentin, 2014), S.7

[73] vgl. (Freidank & Peemöller, 2008), S.935

[74] vgl. (BRZ Bundesrechenzentrum , 2013), S.57

[75] vgl. (Arndt, Gomez, Wohlgemuth, Lehmann, & Pleshkanovska, 2018), S.3-6

[76] vgl. (BRZ Bundesrechenzentrum , 2013), S.57

[77] vgl. (Arndt, Gomez, Wohlgemuth, Lehmann, & Pleshkanovska, 2018), S.3-6

[78] vgl. (BRZ Bundesrechenzentrum , 2013), S.57

[79] vgl. (Dürr, 2013), Kap. 2.9.1

Ist die am Stromzähler gemessene Leistung eines Energieversorgungsunternehmens (EVU). Hierbei muss strickt zwischen der RZ-Infrastruktur und andern Nebennutzern, wie beispielsweise Büros, getrennt werden.[80]

$P_{IT}$: IT-Leistung (IT Equiptment)

Bezeichnet den Leistungsbedarf, den Server, Storage und Network haben.

Ein nachteiliger Aspekt für die Verwendung des PUE-Wertes ist, dass veraltete IT-Infrastrukturen einen höheren Energieverbrauch aufweisen, die den PUE-Wert positiv beeinflussen. Eine Abweichung gegenüber der tatsächlichen Effizienz in Rechenzentren entsteht daher, weil nur der Energieverbrauch von Servern einbezogen wird, allerdings nicht die tatsächliche Rechenleistung.[81]

## 3.3 Entwicklung des IT-Energieverbrauchs

Die Ursache für den Stromanstieg in Rechenzentren ist eine exponentiell ansteigende Flut von Daten die verarbeitet und gespeichert werden wollen. BITKOM gibt an, dass rund jeder fünfte Mensch weltweit online ist.[82] Fast in allen Lebensbereichen lässt sich heute die Informations- und Kommunikationstechnik (IKT), als „Rückgrat moderner Unternehmen" vorfinden.[83] So lag beispielsweise der jährliche Energiebedarf in Österreich im Jahr 2010 bei 310.830 GWh pro Jahr (1.119 PJ/a). Die Gesamtemission der in Österreich entstandenen Treibhausgase durch den Energiebedarf betrug 84,6 Millionen Tonnen $CO_2$ pro Jahr. Der Anteil des Verbrauchs aller österreichischen IKT-Einrichtungen betrug 2010 etwa 1,65 Prozent des gesamten Energiebedarfes, also etwa 6,7 Prozent des gesamten Strombedarfes in Österreich.[84]

---


[80] vgl. (Dürr, 2013), Kap. 2.9.1

[81] vgl. (Warkentin, 2014), S.5-6'

[82] vgl. (BITKOM, 2017)

[83] vgl. (Fröhlich , 2015)

[84] vgl. (Industriellen Vereinigung , 2013), S.7

Für das Jahr 2010 wurde durch die Studie „Green ITC in Österreich" ein Jahresstromverbrauch für Rechenzentren von 942 GWh und $CO_2$-Emissionen von 163.437 t $CO_2$/a ermittelt.[85]

Für die Berechnung des Energieverbrauchs für das Jahr 2020 wurden zwei Szenerien herangezogen. Im BAU Szenario 2020 wurde davon ausgegangen, dass Trend fortgesetzt und/oder Maßnahmen zur Energieeinsparung in einem von Experten angenommenen Ausmaß umgesetzt werden. Im BEST CASE Szenario wurde den definierten Bereichen die größtmöglichen Einsparungspotentiale zugrunde gelegt. Enthalten sind strukturelle und technische Lösungen in einer Kombination mit einer möglichst hohen Investitionsbereitschaft.[86]

Durch das BAU Szenario wird im Jahr 2020 ein Jahresstromverbrauch für Rechenzentren von 1.088 GWh ermittelt. Dies ergibt gegenüber 2010 eine Stromverbrauchserhöhung von etwa 15% und einer $CO_2$-Emission von 15.330 t $CO_2$/a. In der neuen Berechnung gegenüber 2010 wurde ein Anstieg des Stromverbrauchs und eine Erhöhung der Anzahl an Rechenzentren angenommen, welcher jedoch durch eine Verbesserung von zirka 10% an PUE-Werten[87] im Gesamtstromverbrauch der Rechenzentren abgefangen werden könne. [88]

Das BEST CASE Szenario ermittelt im Jahr 2020 einen Jahresstromverbrauch für Rechenzentren von 713 GWh. Dies ergibt gegenüber 2010 eine Stromverbrauchssenkung von etwa 24% und einer $CO_2$-Emission von 51.983 t $CO_2$/a. In der neuen Berechnung gegenüber 2010 wurde eine Reduktion des Stromverbrauchs und eine Reduktion der Anzahl an Rechenzentren angenommen, welcher durch eine zirka 25% Verbesserung von PUE-Werten[89] im Gesamtstromverbrauch der Rechenzentren abgefangen werden könnte.[90]

---

[85] vgl. (BRZ Bundesrechenzentrum , 2013), S.73

[86] vgl. (BRZ Bundesrechenzentrum , 2013), S.74

[87] vgl. (Dürr, 2013), Kap. 2.9.1

[88] vgl. (BRZ Bundesrechenzentrum , 2013), S.75

[89] vgl. (Dürr, 2013), Kap. 2.9.1

[90] vgl. (BRZ Bundesrechenzentrum , 2013), S.76

Der Endenergieverbrauch und die $CO_2$-Emissionen des europäischen IKT-Sektors betragen etwa 8% des aktuellen Strombedarfs und rund 2% der gesamten $CO_2$-Emissionen. Die Emissionen Last ergibt sich zu 1,75% durch den Einsatz von IKT-Produkten und zu 0,25% aus deren Herstellung.[91]

Durch die verstärkte Nutzung von IKT-Dienstleistungen wird es in den kommenden Jahren zu einem steigenden Energiebedarf und zu erhöhten $CO_2$-Belastungen kommen. Die Europäische Kommission gab 2009 an, dass der Anteil von IKT-Verbrauch im Jahr 2020 etwa 10,5 des Gesamtstrombedarfs betragen wird. Dennoch sollen gleichzeitig der Einsatz von neuen IKT-Produkten und Optimierungen in Rechenzentren dazu beitragen, dass die Emissionen bis zum Jahr 2020 um 15% rückläufig sein werden.[92]

Große Rechenzentren verbrauchen somit beachtliche Mengen an produzierter elektrischer Energie. Kann dieser Energiebedarf nicht durch regenerative Produktionsverfahren, sondern durch die Verbrennung fossiler Energieträger produziert werden, trägt die IT-Branche in großem Maß zur Luftverschmutzung und zum $CO_2$-Ausstoß bei.[93]

Unter Berücksichtig der jährlichen Aufstockung von Serverbeständen zur Speicherung von Daten, lassen sich Vorhersagen für den Energiebedarf von geschätzt rund 8% pro Jahr anstellen.[94] Auch eine durch Endgeräte vermehrte Nutzung von Cloud-Applikationen und Big Data im Allgemeinen in RZ kann mit dem steigenden Energieverbrauch in Zusammenhang gebracht werden. [95] [96]

Eine Reduktion von Energiekosten ist ein betriebswirtschaftlicher Faktor. Wird davon ausgegangen, dass in KMUs Rechenzentren zur Anwendung kommen, be-

---

[91] vgl. (BRZ Bundesrechenzentrum , 2013), S.22

[92] vgl. (BRZ Bundesrechenzentrum , 2013), S.22

[93] vgl. (Zarnekow & Kolbe, 2013), S.10

[94] vgl. (Herzog, 2015)

[95] vgl. (Ostler, 2014)

[96] vgl. (Institut, 2014)

trägt das geschätzte Sparpotential – auf Basis von Expertenbefragungen – durch Anwendung neuer Technologien, Dienstleistungen und einer verstärkten Information und Anreize für Unternehmen im BEST CASE Szenario 2020 (3.3 Entwicklung des IT-Energieverbrauchs) Energieeinsparungen bis zu 50 GWh/a. Auf Basis des durchschnittlichen Strompreises in Österreich von etwa 15 Cent/kWh wären jährlich Einsparungen von etwa 7,5 Millionen Euro möglich.[97]

## 3.4 Energie Monitoring und Management

Um eine Identifizierung von Ineffizienzen in Energiesystemen festzustellen und Optimierungspotentiale gezielt ausschöpfen zu können, muss ein detailliertes Energie Monitoring durchgeführt werden.[98]

> „Als Energie Monitoring wird ein Prozess verstanden, der dauerhaft oder in bestimmten Zeitintervallen Energiebedarfsdaten bzw. energierelevanten Daten erhebt und diese an ein zentrales System übermittelt. Das Zeitintervall muss dabei gewählt werden, dass für das Energiemanagement nötige Daten (wie zum Beispiel Lastspitzen im Stromverbrauch) erhalten sind und diese bei der Erhebung nicht „übersprungen" werden".[99]

Beim Energie Monitoring wird zwischen direkter und indirekter Messung unterschieden. Bei der direkten Messung wird der Energiebedarf direkt durch ein Messgerät bestimmt, während bei der indirekten Messung Verbrauchsdaten aus dem Gerät ausgelesen werden müssen.[100]

Um Informationen zu erfassen, werden Agenten (integrierte Software Sensoren), Hybrid-, oder Hardware-Sensoren eingesetzt. Die über Agenten gesammelten Messdaten werden mittels Simple-Network-Protocol (SNMP), oder über Windows Management Instrumentation (WMI), an eine zentrale Monitoring Komponente übertragen.[101]

---

[97] vgl. (BRZ Bundesrechenzentrum , 2013), S.77

[98] vgl. (Löser & Zarnekow, 2015), Kap.3.2.2

[99] (Gomez, Lang, & Wohlgemuth, 2013), S.82

[100] vgl. (Gomez, Lang, & Wohlgemuth, 2013), S.82

[101] vgl. (Datenverarbeitung, 2015), S.8-15

Da das SNMP Protokoll auf den meisten Endgeräten vorinstalliert ist, oder diese nachträglich installiert werden kann, ist eine weite Verarbeitung von Vorteil. Dennoch hat das Monitoring einen großen Nachteil. Für die Überwachung von Systemen wird ein dauerhafter Zugriff benötigt. Auch muss der Agent ohne Unterbrechung laufen. Dies stellt sich oftmals als sehr schwierig da, weil IT-Beauftragte meistens nicht über die benötigten Zugriffe verfügen. Dieser Nachteil stellt sich wiederum als Vorteil von WMI heraus. Bei WMI ist ein Monitoring ohne einen Agenten möglich. Der Nachteil ist jedoch eine Begrenzung auf Windows Software.[102]

Für eine IKT Überwachung kommt häufig die Open-Source-Anwendung „Nagios" in Frage. Diese Software ist weit verbreitet in der Industrie, da diese Software die Möglichkeit bereithält SNMP und WMI gemeinsam einzusetzen.[103]

Intel, Hewlett-Packard, NEC und Dell entwickeln bereits einen Nachfolger für das Monitoring und das Management von IKT-Systemen. Dieser neue Standard trägt den Namen „Intelligent Plattform Management Interface (IPMI).[104] [105]

Der Vorteil dieses Standards ist es, dass IMPI auf interne Sensoren des Hauptspeichers zugreifen kann. Des Weiteren hat IPMI die Möglichkeit Zusatzinformationen einzufordern, ohne das Haupt System einbinden zu müssen. Diese Daten können über den Netzwerkanschluss übertragen werden.[106] [107]

---


[102] vgl. (Gomez, Lang, & Wohlgemuth, 2013), S.84

[103] vgl. (Gomez, Lang, & Wohlgemuth, 2013), S.84

[104] vgl. (Krenn, 2012)

[105] vgl. (Schwenkler, 2006), S.356

[106] vgl. (Krenn, 2012)

[107] vgl. (Schwenkler, 2006), S.356

# 4 Möglichkeiten zur Effizienzsteigerung in Rechenzentren

Im Folgenden wird auf die Vor-und Nachteile einer Optimierung in Rechenzentren eingegangen. Des Weiteren werden Maßnahmen und Optimierung, IT-Hardware und Software, Optimierung der Kühlung, Optimierung der Stromversorgung und Energy Contracting beschreiben.

## 4.1 Vor- und Nachteile einer Optimierung

Da durch einen Einsatz von neuen Technologien die Möglichkeit besteht, den Energieverbrauch von Rechenzentren maßgeblich zu reduzieren, entstehen hierdurch gleich mehrere **Vorteile**:

- Betriebskosten sinken in beträchtlichem Umfang, da die Energiekosten einen großen Anteil der Gesamtkosten ausmachen. Teilweise sind sie, über die Nutzungsdauer betrachtet, höher als die ursprünglichen Anschaffungskosten für Hardware und Co. Eine Energieeinsparung zahlt sich somit schnell aus. Durch eine Energieeffizienzsteigerung sind Aromatisierungszeiten von ein bis zwei Jahren, mitunter sogar schon nach wenigen Monaten, realisierbar. [108]

- Es ist nicht selten, dass der Strom- und Kühlungsbedarf von RZ an seine Grenzen stößt. So kann eine Verbesserung der Effizienz dabei helfen, dass Grenzen nicht überschritten werden und teure Investitionen zu vermeiden. [109]

- Den gesellschaftlich wichtigsten Aspekt stellt die Verantwortung von Unternehmen dar. Durch eine Reduktion des Energiebedarfes von RZ und die damit einhergehenden positiven Auswirkungen auf die Umwelt, stellen eine Investition in die Zukunft dar. [110]

---

[108] vgl. (Schlegel, 2010), S.205

[109] vgl. (Lampe, 2010), S.19-20

[110] vgl. (Lampe, 2010), S.19-20

Die **Nachteile** für eine Optimierung im Rechenzentren betreffen vor Allem die hohen Investitionskosten.[111]


## 4.2   Maßnahmen und Optimierung

In Rechenzentren werden für bestimmte Aufgaben unterschiedliche Server, wie Mail-, Web-, und Lizenzserver, betrieben. Dadurch soll ein stabiler Betrieb geschäftlicher Anwendungen gewährleistet werden. [112]


Da diese Server im Durchschnitt aber nur zu 20 Prozent ausgelastet werden, wäre es vorteilhaft die Anzahl an Servern zu verringern und die verbliebenen Server effizienter zu nutzen. Dies kann durch den Einsatz von Virtualisierung ermöglicht werden, wodurch Unternehmen durch Server-Virtualisierung nachweisbar bis zu 80 % des Energieverbrauchs einsparen können.[113]


Durch Virtualisierung wird es somit möglich, mehrere räumlich getrennte Storage-Systeme zu einem einzelnen Großdatenspeicher zusammenzufassen.[114] Durch Load Balancing, einem weiteren Nutzen, der durch die Virtualisierung ermöglicht wird, können intelligente Planungssysteme eine kontinuierliche Überwachung der Kapazitäten, Auslastung und Ressourcenanforderungen vornehmen. Bei einer geringen Auslastung können virtuelle Maschinen, ganz ohne Ausfallzeiten oder Unterbrechungen, auf eine kleine Anzahl an Servern aufgeteilt werden. Nicht benutzte Server werden einfach auf Standby gesetzt. Steigen die Anforderungen, werden benötigte Systeme wieder gestartet, damit vereinbarte Service-Levels eigehalten werden.[115]


Bei einer gleichen Verfügbarkeit und Systemperformance kann durch einen Übergang von vier Systemen auf ein leistungsfähigeres virtualisiertes System, der Gesamtenergieverbrauch um rund 50 % gesenkt werden. Da es sich um ein konser-

---


[111] vgl. (Ullrich, 2018)

[112] vgl. (Lampe, 2010), S.74

[113] vgl. (Herzog, 2015), S.51

[114] vgl. (Lampe, 2010), S.37

[115] vgl. (Herzog, 2015), S.50

vatives Beispiel zu Energieoptimierung handelt, sind, je nach Anwendungsfall, deutlich höhere Einsparungen möglich.[116]

IT-Abteilungen sind somit in der Lage die Anzahl von physischen Rechnern zu reduzieren und die Hardware-Auslastung zu verbessern.[117] Dadurch soll gegen eine steigende, heterogene Serverlandschaft entgegengewirkt und ein Aufwand an Wartungs- und Administrationsarbeiten erleichtert werden.[118]

## 4.3   IT-Hardware und Software

Eine Information stellt das Kernstück einer jeden Geschäftstätigkeit dar. Dennoch ist es eine große Herausforderung Big Data Informationen zu speichern und langfristig verfügbar zu machen. Es wird damit gerechnet, dass die Kapazität an Datenspeicherungen für Organisationen zwischen den Jahren 2010 und 2020 um den Faktor 44 ansteigen wird.[119]

Trotzdem sind Strategien die zur Verbesserung der Datenspeichereffizienz beitragen bisher ein Randthema, da es durch den kontinuierlichen Preisverfall pro MB an Speicher billiger ist, Speicherkapazitäten zu erweitern, als sich mit der Speichereffizienz zu beschäftigen. Studien zum Thema Energieverbrauch und der Kühlung von Datenspeicherung zeigen, dass mittlere Unternehmen Schwierigkeiten haben, genügend Platz für Speichersysteme zu finden, während große Unternehmen damit kämpfen, ausreichend Strom- und Kühlungskapazitäten zur Verfügung zu stellen.[120]

Trotzdem muss eine IT-Infrastruktur als Einheit betrachtet werden, denn um Datenspeicher verwendbar zu machen, müssen unterschiedliche IT-Komponenten miteingebunden werden, die es neben dem Datenspeicher auch zu optimieren gilt.

---

[116] vgl. (Herzog, 2015), S.50

[117] vgl. (Lampe, 2010), S.74

[118] vgl. (Lampe, 2010), S.57-69

[119] vgl. (Corporation, 2010)

[120] vgl. (McClure, 2009)

Jedes Watt Leistung, das bei IT-Komponenten gespart werden kann, muss nicht gekühlt und über eine USV abgesichert werden. Demzufolge wird durch eine Optimierung von IT-Hardware und –Software zweifach gespart.[121]

## 4.4  Optimierung der Kühlung

Die Kühlung eines Rechenzentrums verbraucht zwischen 10 und 50% des Gesamtstromverbrauchs. Bei der Planung und Umsetzung eines Rechenzentrums stellt die Planungsphase der Kühlung eine Herausforderung dar, da eine Kühlung meist über mehrere IT-Generationen hinweg einem Rechenzentrum erhalten bleiben soll.[122]

Die Kühlgeräte können in Komfort- und Präzisionsklimageräte eingeteilt werden, wobei bei beiden Kühlgerätarten zwischen Kältemittel und Kühlmedien der zum Einsatz kommenden Medien für die Wärmeabfuhr unterschieden werden kann. Komfortklimageräte kühlen den Rechner im Serverraum. Sonstige Lasten im Raum bleiben allerdings unberücksichtigt. Präzisionsklimageräte kühlen den Rechnerraum und berrücksichtigen neben der Kühlung auch die relative Feuchtigkeit. Diese Kühlgeräte wurden anfänglich speziell für Rechenzentren konzipiert, finden aber bereits auch in anderen Industriezweigen Einsatz.[123]

Die Präzisionsgeräte bieten zwei verschiedene Lüftungssysteme an:

-Der Downflow, wobei die Luft von oben (Schmid, 2004) nach unten geführt wird.

-Der Upflow, wobei die Luft von unten, vorne oder hinten nach oben geführt wird.[124]

Als Kühlmedium werden Luft oder Wasser eingesetzt, wobei Wasser, im Vergleich zu Luft, die Wärme um 3500 Mal besser speichert. Wasser überzeugt vor allem

---

[121] vgl. (Herzog, 2015), S.46

[122] vgl. (Lampe, 2010), S.34

[123] vgl. (Kessler & Blesl, 2018), S.164

[124] vgl. (Kessler & Blesl, 2018), S.164

durch seine leichte Beherrschbarkeit als auch eine einfache Verfügbarkeit. Des Weiteren kann durch den Einsatz von Frostschutzmittel (zum Beispiel „Glykol") das Wasser Temperaturen von unter 0 Grad erreichen, ohne zu gefrieren. Zusätzlich beinhalten gebräuchliche Frostschutzmittel einen Rostschutz. [125]

Kältemittel sind chemische Stoffe oder Stoffverbindungen, die einen geringen Siedepunkt aufweisen, aber auch natürliche Stoffe wie Kohlendioxid oder Ammoniak. Jedoch werden Kohlendioxid, aufgrund hoher Investitionskosten, und Ammoniak, aufgrund von hohen Sicherheitsanforderungen, nicht in Rechenzentren eingesetzt. Deshalb wird Luft als Hauptmittel zur Kühlung von Raum und Racks eingesetzt.[126]

Eine weitere Kühlmethode von Rechenzentren ist eine Freie Kühlung. Hierbei muss zwischen einer direkten und einer indirekten „Freien Kühlung" differenziert werden. Eine direkte Freie Kühlung leitet Außenluft in den Raum und Raumluft nach außen. Bei einer niedrigen Außentemperatur ist das System äußerst effizient, da weitere Klimageräte nicht nötig sind.[127]

Umso höher die Außentemperatur ausfällt, desto höher wird der Energiebedarf des Kühlsystems. Trotzdem scheidet eine direkte Freie Kühlung in den meisten Praxisfällen aus, da bei großen Anwendungen größere Außenluftmengen in den Raum zu führen sind und die Luftfeuchtigkeit gut geregelt sein muss.[128]

Die indirekte Freie Kühlung weist solche Nachteile nicht auf. Wasser kann an der Außenluft gekühlt und im Raum selbst zur Kühlung eingesetzt werden. Auch wenn Investitionskosten für eine indirekte Freie Kühlung höher sind, könnte dies durch geringere Betriebskosten kompensiert werden. Darüber hinaus kann durch eine Auslegung von Komponenten ohne zusätzlichen Kühlmittelbedarf Energie gespart werden.[129]

---

[125] vgl. (Lampe, 2010), S.36

[126] vgl. (Lampe, 2010), S.36

[127] vgl. (Schmid, 2004), S.229-231

[128] vgl. (Lampe, 2010), S.41

[129] vgl. (Kessler & Blesl, 2018), S.164

## 4.5 Optimierung der Stromversorgung

Die Stromversorgung hat in Rechenzentren einen Anteil von zirka 10 bis 15% am Gesamtstromverbrauch.[130] Etwa 95 Prozent aller Spannungseinbrüche halten weniger als eine Sekunde an, deshalb stellt der Hauptansatzpunkt für eine Optimierung die Unterbrechungsfreie Stromversorgung (UVS) dar, welche zu einer Reduktion des Energieverbrauchs in Rechenzentren beiträgt. Für längere Ausfälle der IT-Infrastruktur ist eine Netzersatzlage notwendig. Mit zunehmendem Grad an Unabhängigkeit steigt der Aufwand für das Umformen von Frequenz und Spannung, und somit auch die Verlustleistung an.[131]

Ziel ist es einen effizienten Einsatz von elektrischer Energie zu erreichen. Somit ist es wichtig, bereits bei der Planung aller Versorgungswege eine Klassifizierung aller elektrischen Verbraucher hinsichtlich ihrer Sicherheitsanforderungen vorzunehmen.[132]

| Art | Beispiel |
| --- | --- |
| Allgemeine Stromversorgung (AV) | Versorgung aller im Gebäude vorhandenen Anlagen und Verbraucher |
| Sicherheitsstromversorgung (SV) | Versorgung von Anlagen, die im Gefahrenfall schützen, z.B: Sicherheitsbeleuchtung Feuerwehraufzüge Löschanlagen |
| Unterbrechungsfreie Stromversorgung (USV) | Versorgung empfindlicher Verbraucher, die bei AV-Ausfall/Störungen unterbrechungsfrei weiterbetrieben werden müssen, z.B. Server/Rechner Kommunikationstechnik |

---

[130] vgl. (Lampe, 2010), S.45-47

[131] vgl. (Blesl & Kessler, 2017), S.168

[132] vgl. (Lampe, 2010), S.46

| | Leitsysteme |
| --- | --- |
| | Notbeleuchtung, Tunnelbeleuchtung |

**Darstellung 2:** Art der Stromversorgungseinspeisung[133]

Die Herausforderung liegt darin, eine gute Balance zwischen Sicherheit und Energieeffizienz zu herzustellen. So ist bei der Auswahl von einer Unterbrechungsfreier Stromversorgung auf einen höchstmöglichen Wirkungsgrad zu achten. Bestandsanlagen liegen bei einem durchschnittlichen Wirkungsgrad von 90%, während bei den modernsten Rechenzentren auch 97% erreicht werden. Bei einer Teil Last von 25% muss mit einer Verdoppelung von Verlusten zu rechnen sein.[134]

In den meisten Fällen werden noch immer veraltete USV-Anlagen eingesetzt oder sie befinden sich einfach an falschen Stellen. Das Resultat stellt einen erhöhten Energieverbrauch dar. Eine Lösungsmöglichkeit dieses Mehrverbrauchs an Energie stellt eine Modernisierung der UVS-Anlage dar. Auch muss darüber nachgedacht werden, welche Ausfallsicherheit für welches System im Rechenzentrun von Nöten ist, da oftmals nicht alle Systeme gleich ausfallsicher gestaltet sin, sondern Unterscheidungen hinsichtlich der Gefährdung eines Ausfalls für den Erfolg in Unternehmen gemacht werden. Für mehr Sicherheit werden USV-Anlagen mehrfach gestaltet, wobei dies immer zu Lasten des Ziels der Energieeffizienz fällt.[135]

Intelligente Steckdosenleisten oder Smart Power Strips (SPS) weisen unterschiedliche Funktionen auf. Neben Plug & Play, ein leichter Zugriff auf verschiedene Stromkreise und Modularität, sind auch Fernsteuerbarkeit über IP-Netzwerke und eine Leistungsmessung integriert. Messungen sind vor allem für jede Steckdose einzeln interessant, da eine genaue Lastenverteilung festgestellt und somit die geeignete Position für Server im IT-Raum gefunden werden kann.[136]

---

[133] vgl. (Lampe, 2010), S.46

[134] vgl. (Blesl & Kessler, 2017), S.168

[135] vgl. (Lampe, 2010), S.50

[136] vgl. (Lampe, 2010), S.52

## 4.6 Energy Contracting

In Rechenzentren ist nicht nur eine energieeffiziente Betriebsweise von Netzwerk, Server, Speicher und Security wichtig. Die Energiebeschaffung und eine sichere Versorgung der gesamten IT-Infrastruktur sind ebenso bedeutend. Die Sicherstellung einer energieeffizienten Systemumgebung ist mit Investitionen verbunden.[137]

Eine Möglichkeit bei der ein Unternehmen hinsichtlich dieser anspruchsvollen Aufgabe Entlastung findet, stellt Energy Contracting dar. Die Energiedeckung durch einen Dritten (Contractor) hat nicht nur den Vorteil, dass die Finanzierung, Errichtung, Betrieb und Wartung der Energieversorgungs-Anlage übernommen wird, es müssen auch keine großen Investitionen in die eigene Energieanlage getätigt werden. Freiwerdende Investitionen können somit anderweitig Verwendung finden. [138]

Der Contractor ist für ein professionelles Energiemanagement verantwortlich und kann den für Rechenzentren benötigten Energiebedarf garantieren. Auch können Potentiale für eine Reduktion des Energieverbrauchs und die durch den Betrieb entstandenen Schadstoffausstöße genutzt werden. Anfällige Reparatur- und Instandhaltung arbeiten können ebenso vom Energy Contractor übernommen werden.[139]

Durch das Nutzen eines Contractors können ökologische und ökonomische Synergien freigesetzt werden, da aufgrund der Größe, fachspezifischen Kompetenzen und Erfahrung Maßnahmen umgesetzt werden können, für die ein Rechenzentrumsbetreiber häufig keine finanziellen und personellen Ressourcen aufwenden kann.[140]

---

[137] vgl. (Ostler, 2014)

[138] vgl. (Lampe, 2010), S.54

[139] vgl. (Lampe, 2010), S.54-55

[140] vgl. (Herzog, 2015), S.43

# 5 Conclusio

Auf die Forschungsfrage, wie viel Strom österreichische Rechenzentren verbrauchen, bin ich zu folgendem Schluss gekommen:

Die literarische Recherche einer „Green ITC" – Studie hat ergeben, dass der Österreichische Jahresstromverbrauch von Rechenzentren im Jahr 2010 bei 942 GWh lag. Nach dem BAU Szenario, in welchem Trends und Maßnahmen zu Energieeinsparung in einem von Experten angenommenen Ausmaß umgesetzt werden, soll der österreichische Jahresstromverbrauch von Rechenzentren im Jahr 2020 bei 1.088 GWh liegen. Zum Vergleich im Best Case Szenario, in welchem sowohl die größtmöglichen Einsparungspotentiale, als auch strukturelle und technische Lösungen in einer Kombination mit einer möglichst hohen Investitionsbereitschaft enthalten sind, soll der österreichische Jahresstromverbrauch von Rechenzentren im Jahr 2020 bei 713 GWh liegen.

Die zweite Forschungsfrage, ob Aussagen über den zukünftigen Anstieg des Stromverbrauchs durch Big Data gemacht werden können, kann folgendermaßen beantwortet werden: Diese Frage kann nicht restlos beantwortet werden, da nur Prognosen oder Vorhersagen zum Anstieg von Big Data gemacht werden können. Man nimmt an, dass sich das Datenvolumen bis zum Jahr 2020 um den Faktor 300 vervielfacht haben soll. Das geschätzte Datenvolumen im Jahr 2020 soll somit bei rund 44 Zetabytes liegen. Genau Aussagen können allerdings nicht getroffen werden.

Auf die dritte Forschungsfrage, ob es Maßnahmen zur Effizienzsteigerung in Rechenzentren gibt, kann folgendes gesagt werden:

Aus der eingesetzten Literatur kann entnommen werden, dass durch Virtualisierung nachweisbar bis zu 80 Prozent des Energieverbrauchs eingespart werden können. Ein weiterer wichtiger Ansatzpunkt für die Optimierung in Rechenzentren stellt die Kühlung dar, da diese zwischen 10 und 50 Prozent des Gesamtstromverbrauchs in Rechenzentren ausmacht. Hierbei wird in der Literatur vor allem die indirekte Freie Kühlung erwähnt. Die Optimierung der Stromversorgung hat einen

Anteil von 10 bis 15 Prozent am Gesamtstromverbrauch in Rechenzentren. Hier stellen sich Intelligente Steckdosenleisten als besonders Energiesparend dar, da Messungen für jede einzelne Steckdose möglich sind. Somit kann eine genaue Lastenverteilung festgestellt und damit eine geeignete Position für Server im IT-Raum gefunden werden. Zuletzt weist das Energy Contracting weitere Vorteile bei der Energieeffizienz von Rechenzentren auf. Durch den Einsatz eines Contructors, können ökologische und ökonomische Synergien freigesetzt werden, da aufgrund der Größe, fachspezifische Kompetenzen und Erfahrungen, Maßnahmen umgesetzt werden können, für die ein Rechenzentrumsbetreiber häufig keine finanziellen und personellen Ressourcen auf weißen kann. Zusammenfassend kann diese Teilfrage also bejaht werden.

# 6 Literaturverzeichnis

## 6.1 Bücher


Akerkar, R. (2014). *Big Data Computing.* (1. Auflage) London & New York: CRC Press Taylor & Francis Group Verlag .

Akhgar, B., Saathoff, G., Arabnia, H., Hill , R., Staniforth, A., & Bayerl, P. (2015). *Big Data fpr National Security - A Pratitioner's Guide to Emerging Technologies* (1. Auflage). München: Elsevier Verlag .

Arndt, H.-K., Gomez, J., Wohlgemuth, V., Lehmann, S., & Pleshkanovska, R. (2018). *Nachhaltige Betriebliche Umweltinformationssysteme.* (1.Auflage) Wiesbaden: Springer Gabler Verlag.

Blesl, M., & Kessler, A. (2017). *Energieeffizienz in der Industrie* (2. Auflage). Berlin : Springer Verlag .

Bracht , U., Geckler, D., & Wenzel, S. (2018). *Digitale Fabrik- Methoden und Praxisbeispiele.* (1.Auflage) Wiesbaden: Springer Verlag .

Cleve, J., & Lämmel , U. (2014). *Data Mining .* (1.Auflage)Wismar: Keiner.

Corporation, I. -S. (2010). *The Digital Universe Decade - Are you ready?* (1.Auflage) Framingham: IDC.

Cristea, V., Dobre, C., Stratan, C., Pop, F., & Costan , A. (2010). *Large-Scale Distributed Computing and Applications: Models and Trends* (1. Auflage). Hershey & New York : Information Science Reference.

Dürr, B. (2013). *IT-Räume und Rechenzentren planen und betreiben - Handbuch der baulichen Maßnahmen und Technisches Gebäudeausrüstung* (2. Auflage). Erkrath: Verlag Bau und Technuik.

Davenport, T. (2014). *big data @ work: Chancen erkennen, Risiken verstehen.* (1.Auflage) München: Vahlen.

Dumbill, E. (2012). *Planning for Big Data .* (1.Auflage) Kalifornien: Sebastopol.

Fasel, D., & Meier, A. (2016). *Big Data - Gunrdlagen, Systeme und Nutzungspotentiale.* (1.Auflage) Wiesbaden: Springer Verlag.

Fondermann , B., Spichale, K., & George, L. (2012). *Big Data - Apache Hadoop* (1. Auflage). Frankfurt am Main: Software & Support Media GmbH Verlag.

Freidank, C.-C., & Peemöller, V. (2008). *Corporate Governance und Internet Revision - Handbuch für die Neuausrichtung des Internal Auditings.* (1.Auflage) Berlin: Erich Schmidt Verlag .

Gomez, J., Lang, C., & Wohlgemuth, V. (2013). *IT-gestütztes Ressourcen- und Energiemanagement .* (1.Auflage) Wiesbaden: Springer Verlag.

Hintringer , M. (2014). *Einsatz von Cisco Unified Computing im Klinischen Rechenzentrum* (1. Auflage). Hamburg : disserta Verlag .

Hu, F. (2016). *Big Data: Storage, Sharing, and Security.* (1.Auflage) Boca Raton: CRC Press Verlag .

Hwaiyu, G. (2015). *Data Center Handbook.* (1.Auflage) Palo Alto: Wiley Verlag.

Kale, V. (2017). *Big Data Computing - A Guide for Business and Technology Managery.* (1.Auflage) London & New York : CRC Press Verlag.

Kessler, A., & Blesl, M. (2018). *Energieeffizienz in der Industrie* (2. Auflage). Wiesbaden : Springer Gabler Verlag .

King , S. (2014). *Big Data: Potentiale und barrieren der Nutzung im Unternehmenskontext.* (1.Auflage) Wiesbaden: Springer Verlag.

Löser, F., & Zarnekow, R. (2015). *Nachhaltiges IT-Managament .* (1.Auflage)Heidelberg: dpunkt.verlag GmbH.

Lampe, F. (2010). *Green-IT, Virtualisierung und Thin Clients: Mit neuen IT-Technologien Energieeffizienz erreichen, die Umwelt schonen und Kosten sparen* . (1.Auflage) Wiesbaden: Vieweg+Teubner Verlag.

Langer , P. (2011). *Angebotsmanagement für hybride IT-Produkte* . (1.Auflage) München.

Makowski, A. (2015). *Bedeutung und Nutzenpotenziale von Big Data für Versicherungsunternehmen.* (1.Auflage) Karlsruhe: Versicherungswirtschaft GmbH Verlag .

McClure. (2009). *Driving Storage Efficiency in SAN Environments.* (1.Auflage) Milford: Enterprise Strategy Group.

Mohanty, H., Bhuyan, P., & Chenthati, D. (2015). *Big Data- A Primer* . (1.Auflage) India: Springer Verlag .

Morabito, V. (2015). *Big Data and Analytics: Strategic and Organizational Impacts.* (1.Auflage) Heidelberg : Springer Verlag .

Pethuru, R., & Deka, G. (2018). *A Deep Dive into NoSQL Databases: The Use Cases and Applications.* (1.Auflage) London: Elsevier .

Rappold, T. (2015). *Silicon Valley Investing - Investieren in die Superstars von heute, morgen und übermorgen.* (1.Auflage) München: FinanzBuch Verlag .

Ryzko, D., Gawrysiak , P., Kryszkiewicz, M., & Rybinski , H. (2016). *Machine Intelligence and Big Data in Industry* (1. Auflage). Berlin : Springer Verlag .

Schellong , W. (2015). *Analyse und Optimierung von Energieverbundsystemen* . (1.Auflage) Berin/Heidelberg: Springer Verlag .

Schlegel, H. (2010). *Steuerung der IT im Klinikmanagement: Methoden und Verfahren* (1. Auflage). Wiesbaden: Springer Verlag.

Schmid, C. (2004). *Energieeffizienz in Unternehmen - Eine wissensbasierte Analyse von Einflussfaktoren und Instrumenten.* (1.Auflage) Zürich : Hochschulverlag AG an der ETH Zürich.

Schmidt, G., Dufrasne , B., Jamsek, J., Kimmel , P., Matsuno, H., Morais, F., . . . Senin , D. (2012). *DS8800 Performance Monitoring and Tuning.* (1.Auflage) New York: IBM Redbooks.

Schrempp, M. (2012). *Big Data: Technologiegrundlagen* (1. Auflage). Frankfurt am Main: Software & Support Media GmbH.

Schwenkler, T. (2006). *Sicheres Netzwerkmanagement: Konzepte, Protokolle, Tools.* (1.Auflage) Wiesbaden: Springer Verlag .

Soper, M. (2016). *CompTIA A+ 220-901 and 220-902 Cert Guide* (4. Auflage). London: Pearson Education.

Spies, R. (2012). *Big Data als Katalysator für neue Business-Analytics-Projekte. In: Lang M. (Hrsg.): Best Practice für die neuen Herausforderungen des IT-Managements.* (1.Auflage) Düsseldorf: Symposion Publishing.

Tamane, S., Solanki, K., & Dey, N. (2017). *Privacy and Security Policies in Big Data.* (1.Auflage) Hershey: IGI Global Verlag.

Tavana, M., & Puranam, K. (2014). *Handbook of Research on Organizational Transformations throug Big Data Analytics* (1. Auflage). Hershey: IGI Global Verlag .

Terrahe, U. (2016). *CSR und Energiewirtschaft* . (1.Auflage) Berlin & Heidelberg: Springer Verlag .

Topi, H., & Tucker, A. (2014). *Computing Handbook, Third Edition: Information Systems and Information Technology (Volume 2)* (3. Auflage). London: Chapman and Hall/CRC Verlag .

Trick , U., & Weber Frank. (kein Datum). *SIP und Telekommunikationsnetze: Next Generation Networks und Multimedia over IP - konkret* (5. Auflage). Berlin/Boston: De Gruyter Verlag .

Verhoef, P., Koog, E., & Walk, N. (2016). *Creating Value with Big Data Analytics: Making Smarter Marketing Decisions*. (1.Auflage) New York: Routledge Taylor & Francis Group Verlag.

Warkentin, V. (2014). *Das Green Datencenter: wenn Rechnen grün wird.* (1.Auflage) Hamburg: disserta Verlag .

Wierse , A., & Riedel, T. (2017). *Smart Data Analytics - Mit Hilfe von Big Data Zusammenhänge erkennenund Potentiale nutzen* . (1.Auflage) Berlin/Boston: De Gruyter Oldenbourg .

Zadrozny , P., & Kodalik, R. (2013). *Big Data Analytics Using Splunk* . (1.Auflage) Springer Science+Business Media .

Zarnekow, R., & Kolbe, L. (2013). *Green IT: Erkenntnisse und Best Practices aus Fallstudien.* (1.Auflage) Berlin & Heidelberg : Springer Gabler Verlag .


## 6.2  Zeitschriften

Dörr, J., Heidrich, J., & Liggesmeyer, P. (2014). Big Data in Smart Ecosystems. *Informatik Spektrum, Volume 37*(Ausgabe Nr.2), 106.

Einwurf, D. G. (01. 04 2014). Dieses Gleitwort enspricht dem Einwurf, Die Gesiter die wir riefen. *HMD-Praxis der Wirtschaftsinformatik, Band 51*(Heft 4), S. 383-385.

Freytag, J.-C. (2014). Grundlagen und Visionen großer Forschungsfragen im Bereich Big Data. *Informatik Spekturm*, 97-104.

Hilbert M , M., & Kopez , P. (01. 01 2011). The worlds technological capacity to store, communicate, and compute information. S. 332:60-5.

Linzmajer, M., & Rudolph , T. (2014). Big Data im Handel. *Marketing Review, Vol. 31*(Nr.1), 12-25.

Naisbitt, J. (1988). *Megatrends.* US: Grand Central Publishing .

Stieglitz, S., Dang-Xuan, L., Bruns, A., & Neuberger , C. (2014). *Social Media Analytics.* Business & Information Systems Engineering. Berlin: Vol.&: Iss. 2,89-96.


## 6.3  Internetquellen

BITKOM. (31. 12 2017). *www.bitkom.org.* Von http://www.bitkom.org/de/press/49919_46069.aspx abgerufen

BSI. (12. 03 2009). *Bundesministerium.* Von BSI: https://www.bsi.bund.de/DE/Themen/ITGrundschutz/ITGrundschutzKataloge/Inhalt/_content/ baust/b02/b02009.html abgerufen

Campbell, S. (12. 03 2016). *www.next-generation-communication.com.* Abgerufen am 03. 02 2018 von Smart Cities Require the Voice of the Citizen and Dynamic Communications: http://next-generation-communications.tmcnet.com/topics/-industries/articles/328035-smart-cities-require-voice-the-citizen-dynamiccommunications.htm

Constine, J. (2012. 08 22). *http://techcrunch.com.* (How Big Is Facebook's Data? 2.5 Billion Pieces Of Content And 500+ Terabytes Ingested Every) Abgerufen am 31. 12 2017 von http:// techcrunch.com/2012/08/22/how- big- is- facebooks- data- 2- 5- billion- pieces- of- content- and- 500- terabytes- ingestedevery-day/

Datenverarbeitung, L.-F. . (10. 03 2015). *www.lhc-faces.ch.* Abgerufen am 31. 12 2017 von http : / / www . lhc - facts . ch / index . php ? page = datenverarbeitung

Clark, J. (16. 08 2013). *www.theregister.co.uk*. Abgerufen am 03. 12 2018 von http://
www.theregister.co.uk/ 2013/ 08/ 16/ it electricity use worse than you thought/ (

Engel, B. (01. 03 2014). *www.blauer-engel.de*. Abgerufen am 05. 01 2018 von
https://www.blauer-engel.de/de/produktwelt/buero/rechenzentren

Gartner . (25. 05 2017). *www.gartner.com*. Abgerufen am 13. 02 2018 von Big Data:
https://www.gartner.com/it-glossary/big-data

Hintermann, R. (26. 01 2016). *www.informatik-aktuell.de*. Abgerufen am 01. 05 2018 von
Rechenzentren – Energiefresser oder Effizienzwunder?: https://www.informatik-
aktuell.de/betrieb/server/rechenzentren-energiefresser-oder-effizienzwunder.html

IBM. (01. 01 2014). *www.ibm.com*. Abgerufen am 31. 12 2017 von http://www-
01.ibm.com/software/data/bigdata/what-is-big-data.html

IBM. (01. 01 2014). *www.ibm.com*. Abgerufen am 31. 12 2017 von http://www-
01.ibm.com/software/data/bigdata/what-is-big-data.html

Informationstechnik, B. f. (01. 01 2013). *www.bsi.bund.de*. Abgerufen am 05. 01 2018 von
https://www.bsi.bund.de/SharedDocs/Downloads/DE/BSI/Hochverfuegbarkeit/Ban
dB/B10_U
eberwachung.pdf;jsessionid=74BD6F9E00154A11673F3BD628469233.2_cid286?
__blob=pu blicationFile&v=1

Institut, Ö. (17. 12 2014). *www.fontavis.ch*. Abgerufen am 03. 01 2018 von
http://fontavis.ch/en/neuigkeiten/artikel/oeko-institut-wachsender-strombedarf-
fuer-rechenzentren-und-telekommunikationsnetze.html

INTEL. (01. 08 2012). *www.heise.de*. Abgerufen am 13. 03 2018 von In-Memory-DI:
Datenanalyse auf der Überholspur: http://www.heise.de/microsites/big-data-so-
beherrschen-sie-die-datenflut/in-memory-bidatenanalyse-auf-der-
ueberholspur/150/304/917/

Kallenbach, C. (27. 06 2016). *www.silicon.de*. Abgerufen am 12. 03 2018 von Wie HPC
und Big Data Ihr Rechenzentrum heiß laufen lassen:
https://www.silicon.de/blog/wie-hpc-und-big-data-ihr-rechenzentrum-heiss-laufen-
lassen/

Krenn, T. (21. 03 2012). *www.thomas-krenn.com*. Abgerufen am 03. 04 2018 von IPMI
Grundlagen : https://www.thomas-krenn.com/de/wiki/IPMI_Grundlagen

Kroker, M. (30. 08 2017). *www.wiwi.de*. Abgerufen am 12. 05 2018 von Erstmals mehr als
3 Milliarden Social-Media-Nutzer – 40 Prozent der Weltbevölkerung:
http://blog.wiwo.de/look-at-it/2017/08/30/erstmals-mehr-als-3-milliarden-social-
media-nutzer-40-prozent-der-weltbevoelkerung/

Manhart, K. (13. 03 2012). *www.cio.de*. Abgerufen am 11. 03 2018 von Big Data im Griff:
http://www.cio.de/dynamicit/management_strategie/2308070/

Ostler, U. (10. 02 2014). *www.datacenter-insider.de*. Abgerufen am 03. 04 2018 von
Energie-Effizienz im Rechenzentrum vertraglich garantiert: http://www.datacenter-
insider.de/energie-effizienz-im-rechenzentrum-vertraglich garantiert-a-433058/

Press, G. -A. (21. 12 2012). *www.forbes.com*. Abgerufen am 31. 12 2017 von http:
//www.forbes.com/sites/gilpress/2013/05/09/a-very-shorthistory-of-big-data

Rouse , M. (01. 01 2012). *www.searchstoreage.de*. Abgerufen am 11. 03 2018 von Flash-
basierte Solid Slate Drives (SSD): http://www.searchstorage.de/definition/Flash-
basierte-Solid-State-Drives-SSD

Rouse , M. (05. 04 2018). *Tech Target*. Von www.searchdatacenter.de:
https://www.searchdatacenter.de/definition/Data-Center-Rechenzentrum abgerufen

States, E. O. (01. 01 2012). *www.whitehouse.gov*. Abgerufen am 2017. 12 31 von
http://www.whitehouse.gov/sites/default/files/microsites/big_data.html

Statista. (01. 01 2018). *www.statista.com*. Abgerufen am 10. 05 2018 von Anteil der
Smartphone-Besitzer sowie Nutzung von Mobile Commerce in Österreich von

2013 bis 2017:
https://de.statista.com/statistik/daten/studie/568185/umfrage/smartphone-besitz-
und-smartphone-nutzung-in-oesterreich/
Ullrich, H.-P. (10. 04 2018). *www.cisco.com*. Abgerufen am 16. 05 2018 von Cisco Data
Center - Zielsicher, Kontextbasierend. Multi-Cloud-fähi:
https://www.cisco.com/c/de_at/solutions/data-center-virtualization/index.html

## 6.4   Online Dokumente

BITKOM. (12. 05 2012). *BITKOM*. Abgerufen am 01. 04 2018 von Big Data im
Praxiseinsatz - Szenarien, Beispiele, Effekte.:
https://www.bitkom.org/Publikationen/2012/Leitfaden/Leitfaden-Big-Data-im-
Praxiseinsatz-SzenarienBeispiele-
Effekte/BITKOM_LF_big_data_2012_online1.pdf
BRZ Bundesrechenzentrum . (01. 03 2013). *www.iv.at*. Von Green ICT in Österreich -
Potenziale und Möglichkeiten zur Steigerung der Energieeffizienz und Reduktion
von klimarelevanten Emissionen:
https://www.iv.at/media/filer_public/7a/06/7a0671ef-0ae4-46d7-9001-
ab6ea22663ff/file_619.pdf abgerufen
Dr Schnäppi , B. (01. 01 2011). *www.klimaaktiv.at*. (P. Projektkonsortium, Hrsg.)
Abgerufen am 03. 01 2018 von
https://www.klimaaktiv.at/dam/jcr.../Effiziente_IT_Rechenzentren_Primenergy.pdf
E.V., A. A. (01. 12 2014). *www.ag-energiebilanzen.de*. Abgerufen am 03. 01 2018 von
http:// www.ag-energiebilanzen.de/ index.php? article id=29&fileName= 20141216
brd stromerzeugung1990-2014.pdf
Fröhlich , C. (01. 10 2015). *www.dena.de*. Abgerufen am 03. 01 2018 von
https://shop.dena.de/fileadmin/denashop/media/Downloads_Dateien/allgemein/901
9_Imagebroschuere_dena.pdf
Gant, J., & Reinsel, D. -T. (01. 12 2012). *www.emc.com*. Abgerufen am 31. 12 2017 von
http : / / www . emc . com / collateral / analyst-reports/idc-the-digital-universe-in-
2020.pdf
Herzog, C. (11. 09 2015). *www.bitkom.org*. Abgerufen am 02. 01 2018 von
https://www.bitkom.org/noindex/Publikationen/2015/Leitfaden/LF-
Energieeffizienz-in-Rechenzentren/150911-LF-Energieeffizienz-in-RZ.pdf
IBM. (01. 01 2012). *https://www-
935.ibm.com/services/de/gbs/thoughtleadership/GBE03519-DEDE-00.pdf*.
Abgerufen am 10. 05 2018 von Analytics: Big Data in der Praxis - Wie innovative
Unternehmen ihre Datenbestände effektiv nutzen: https://www-
935.ibm.com/services/de/gbs/thoughtleadership/GBE03519-DEDE-00.pdf
Industriellen Vereinigung . (01. 06 2013). *www.iv.at*. Abgerufen am 10. 03 2018 von
Green ICT in Österreich Potenziale und Möglichkeiten zur Steigerung der
Energieeffizienz und Reduktion von klimarelevanten Emissionen - Executive
Summary: https://www.iv.at/media/filer_public/49/9f/499fcfce-e0ef-41d5-89e1-
d1f79ea0c6f3/file_620.pdf
Köhler, D., & Meir-Huber, M. (01. 04 2014). *www.bmvit.gv.at*. Abgerufen am 10. 05 2018
von #Big Data in #Austria - Österreichische Potenziale und Best Practice für Big
Data:
https://www.bmvit.gv.at/service/publikationen/innovation/downloads/big_data_in_
austria.pdf

Rechenzentrum, B. -L. (01. 01 2013). *www.bitkom.org* . Abgerufen am 02. 01 2018 von
http://www.security-
finder.ch/fileadmin/dateien/bilder/b%C3%BCcher/Leitfaden_BRZ_21082013.pdf

Rechenzentrum, B. -P. (01. 11 2014). *www.ntc-gmbh.com.* Abgerufen am 02. 01 2018 von
http://www.ntc-
gmbh.com/fileadmin/content/pictures/4_Unternehmen/Matrix_BRZ_Nov-2014.pdf

Stanley, J., Brill, K., & Koomey , J. (01. 01 2007). *www.dcxdc.ru.* Abgerufen am 03. 01
2018 von http://www.dcxdc.ru/files%5C4ede4eff-13b0-49d9-b4da-
b0406bfc190e.pdf

Turner, P., Seader , J., Renaud, V., & Brill, K. (01. 01 2008). *www.mm4m.net.* Abgerufen
am 03. 01 2018 von
http://www.mm4m.net/library/(TUI3026E)TierClassificationsDefineSiteInfrastruct
ure.pdf